Mandala

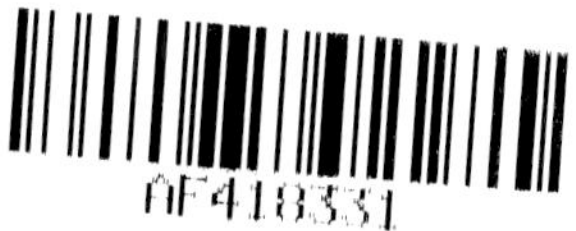

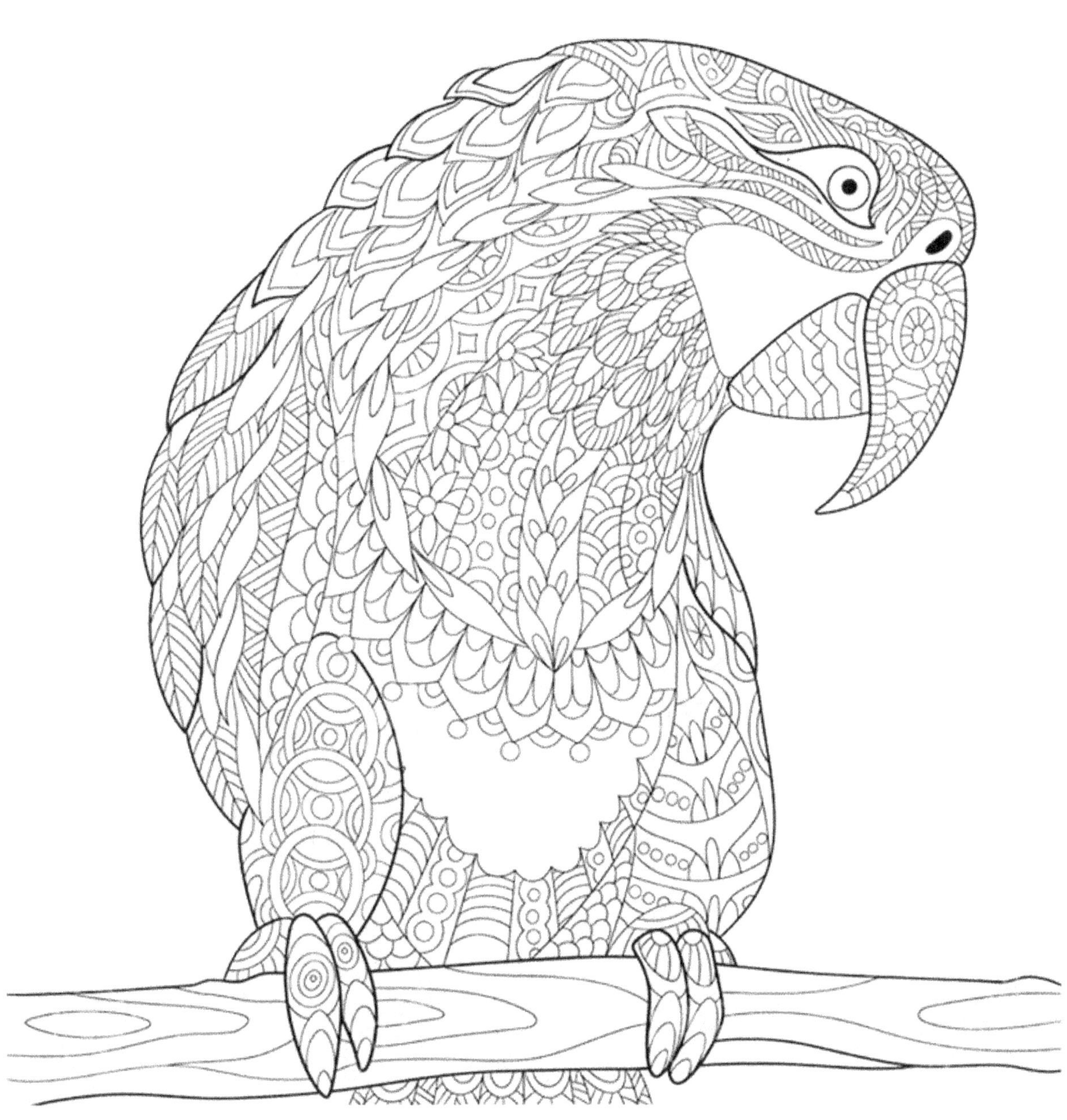

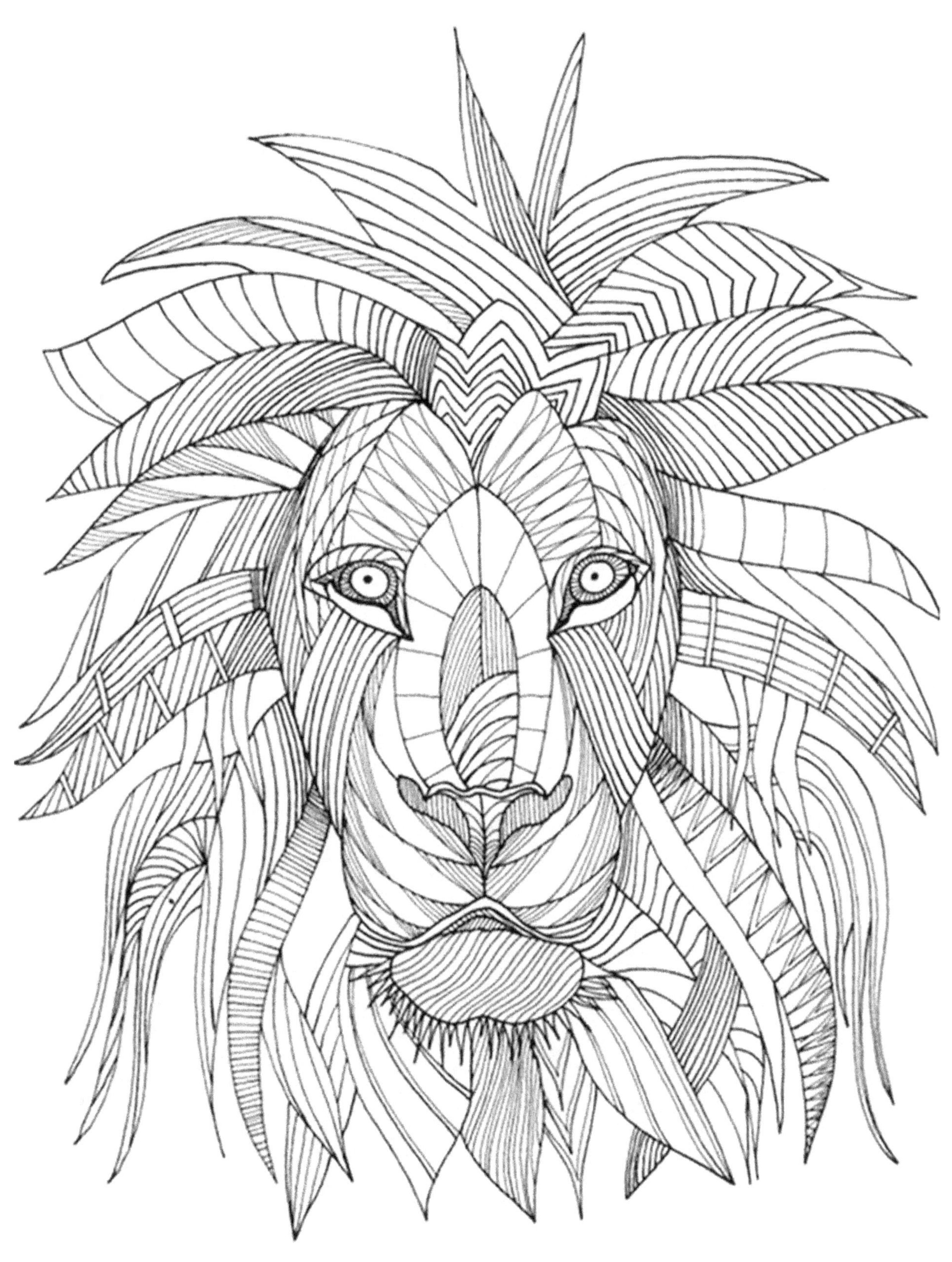

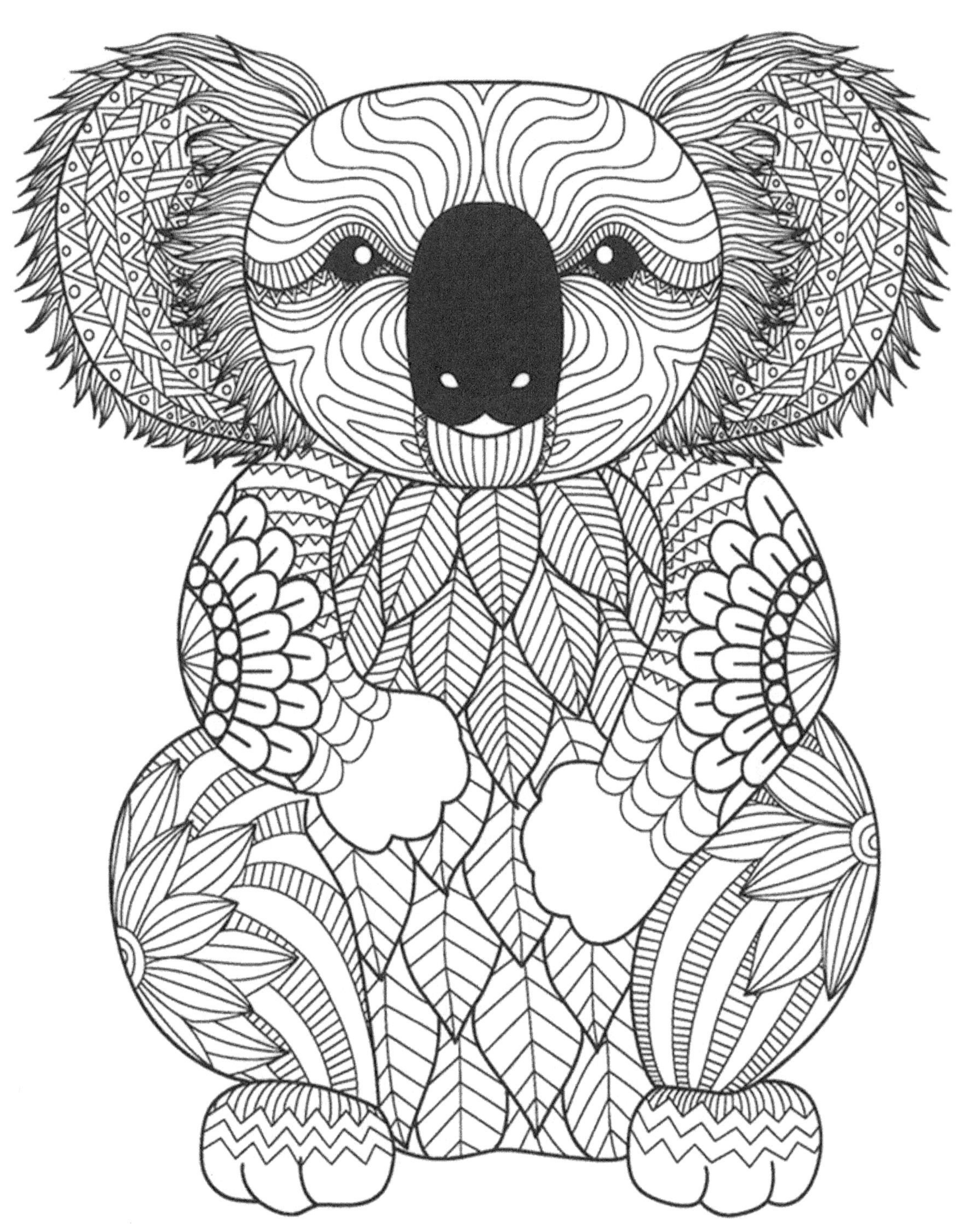

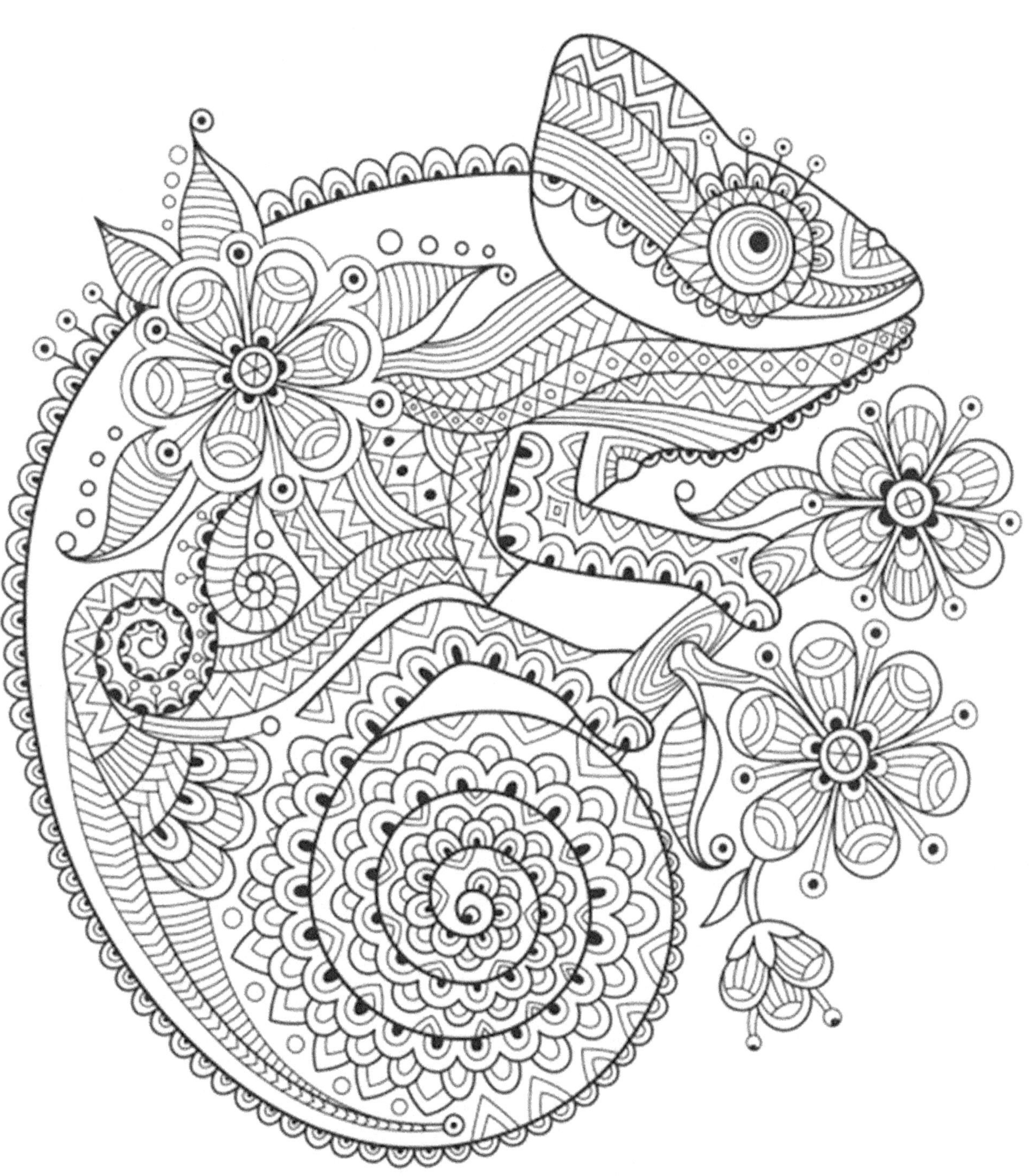

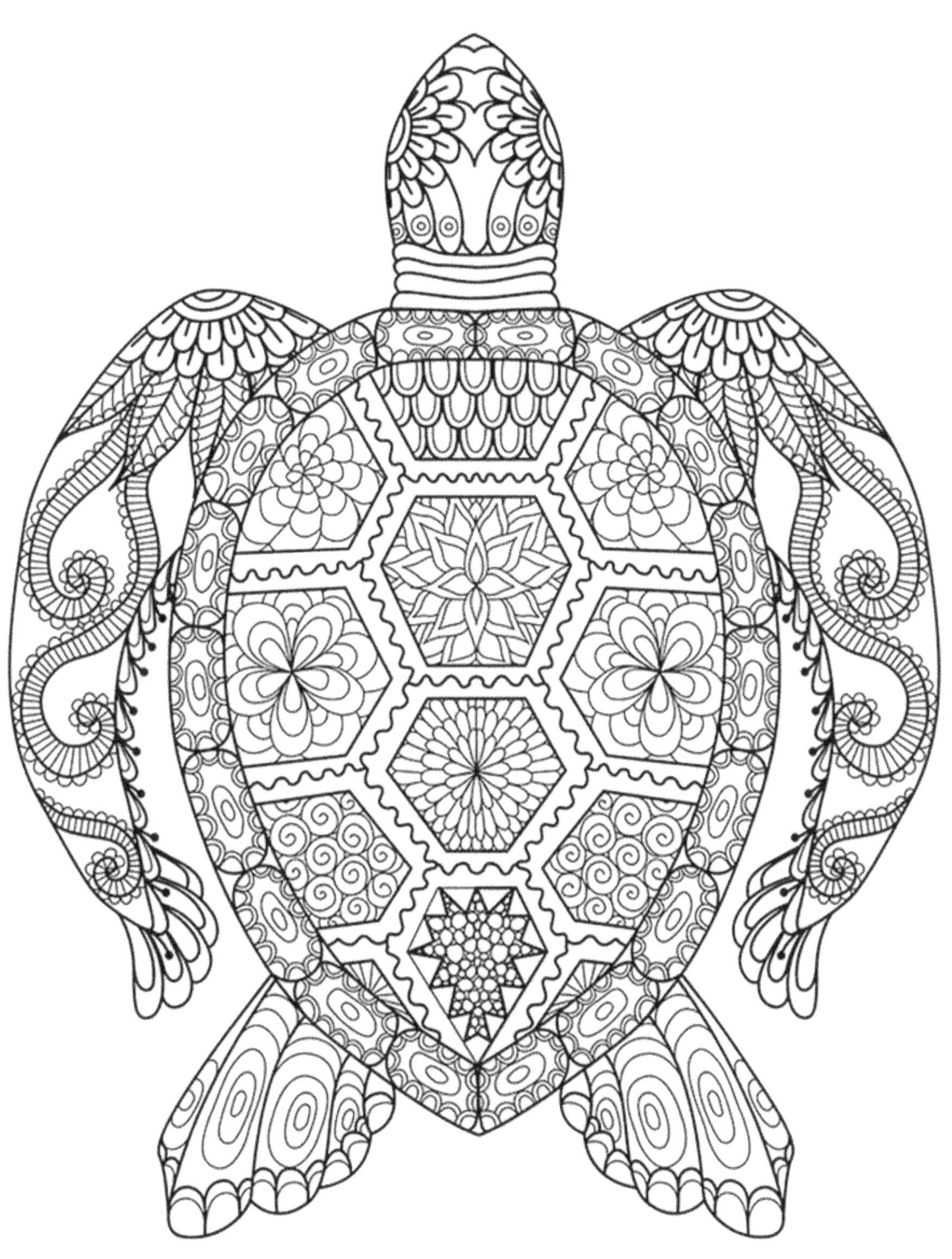

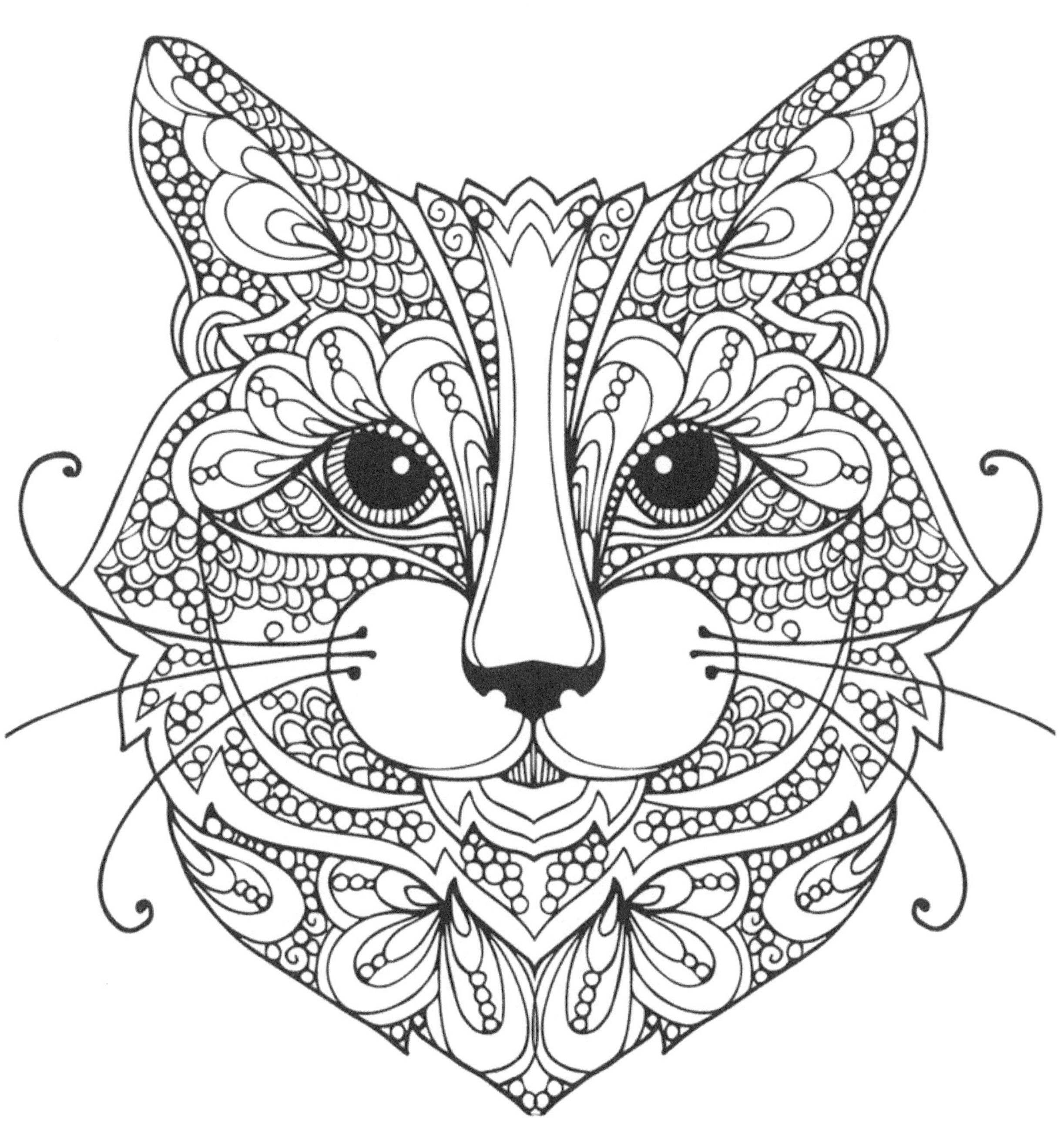

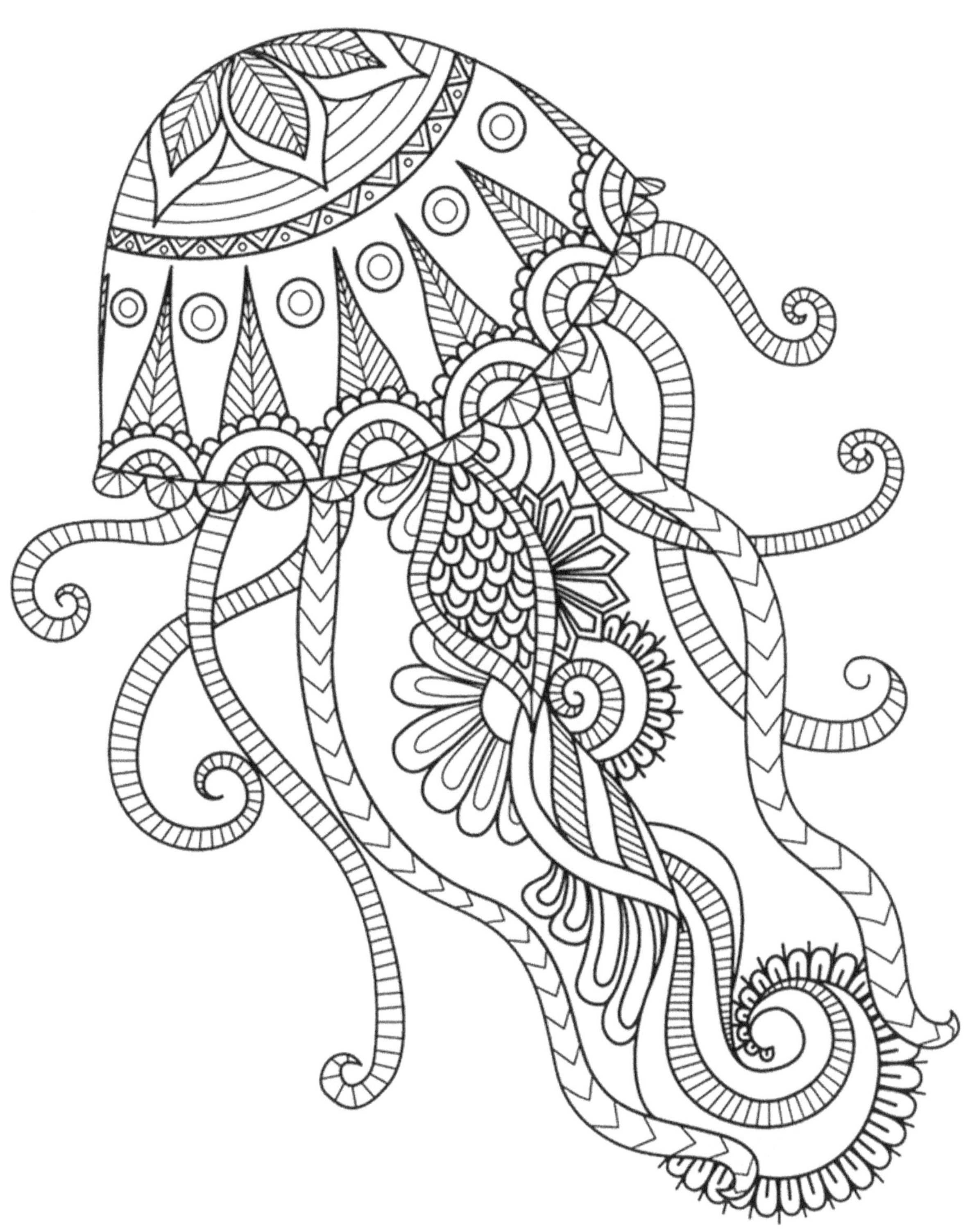

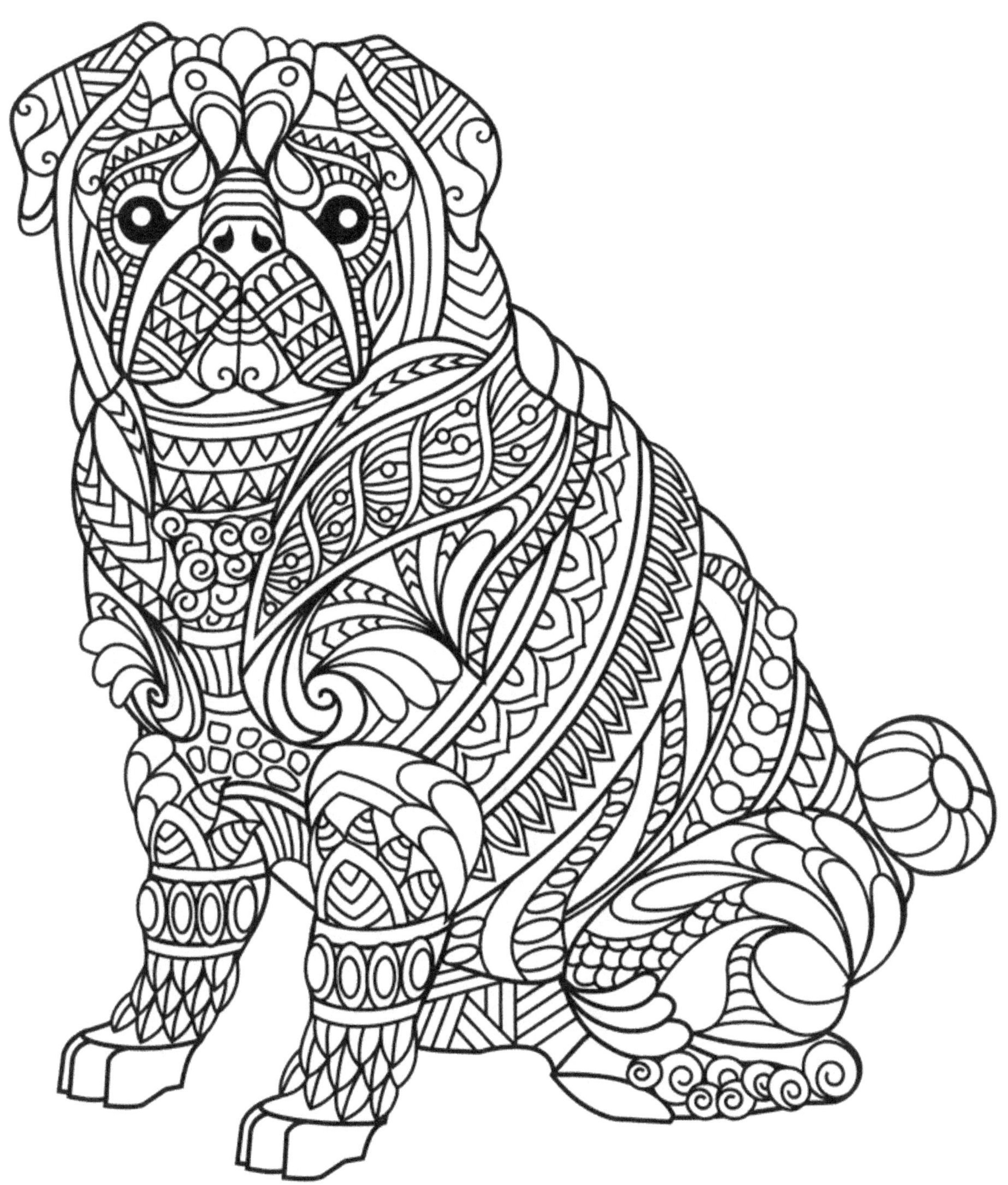

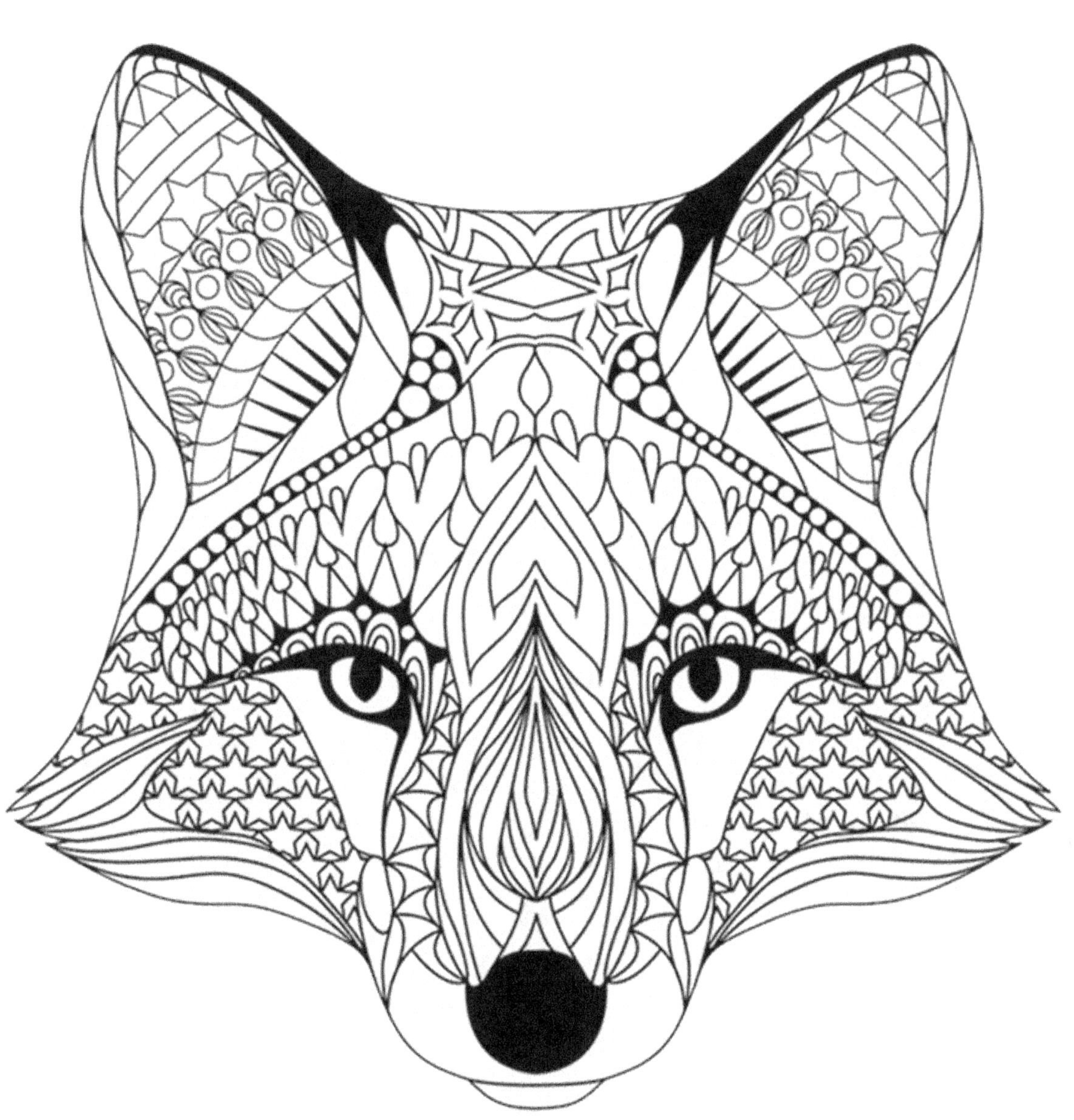

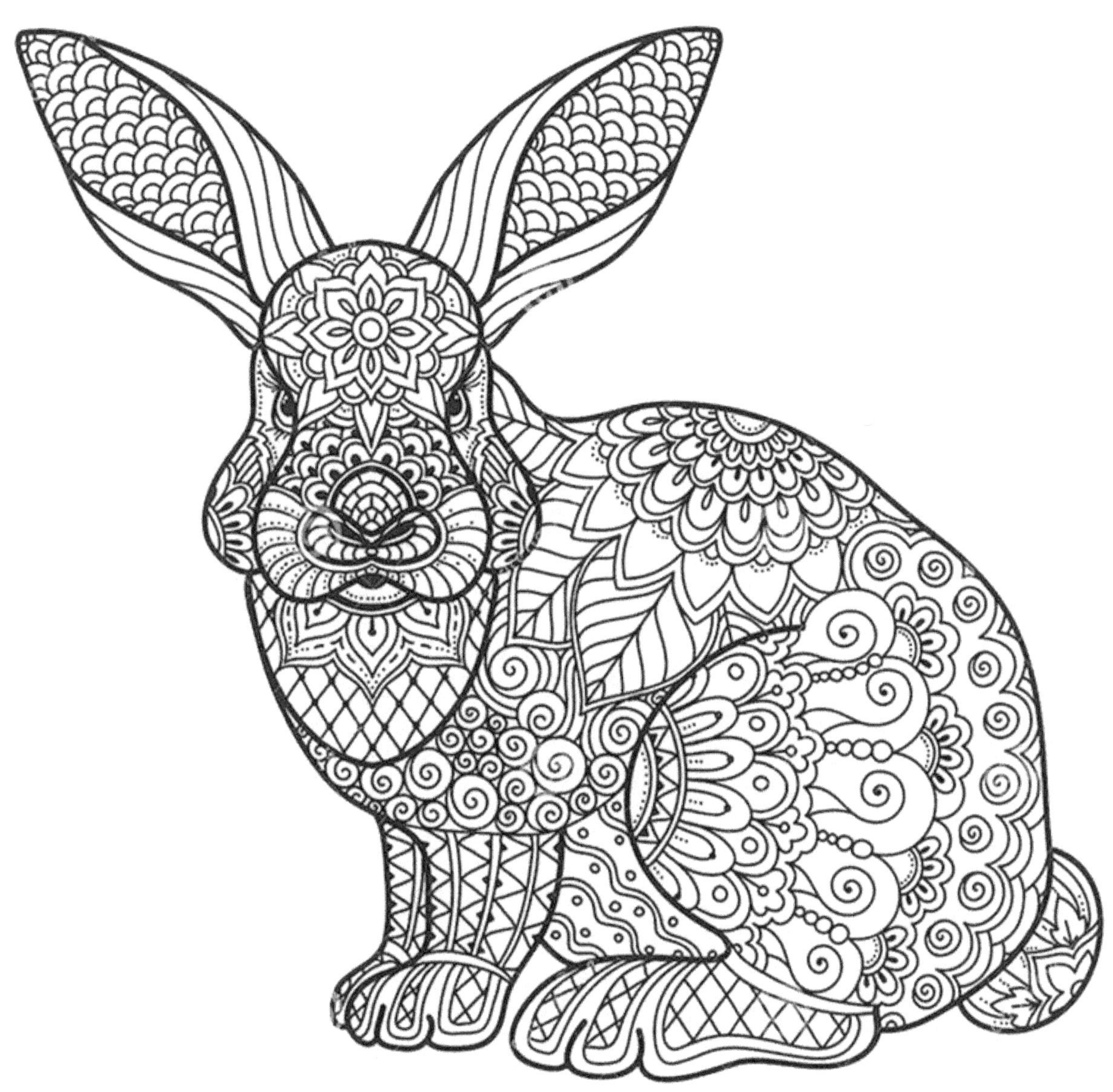

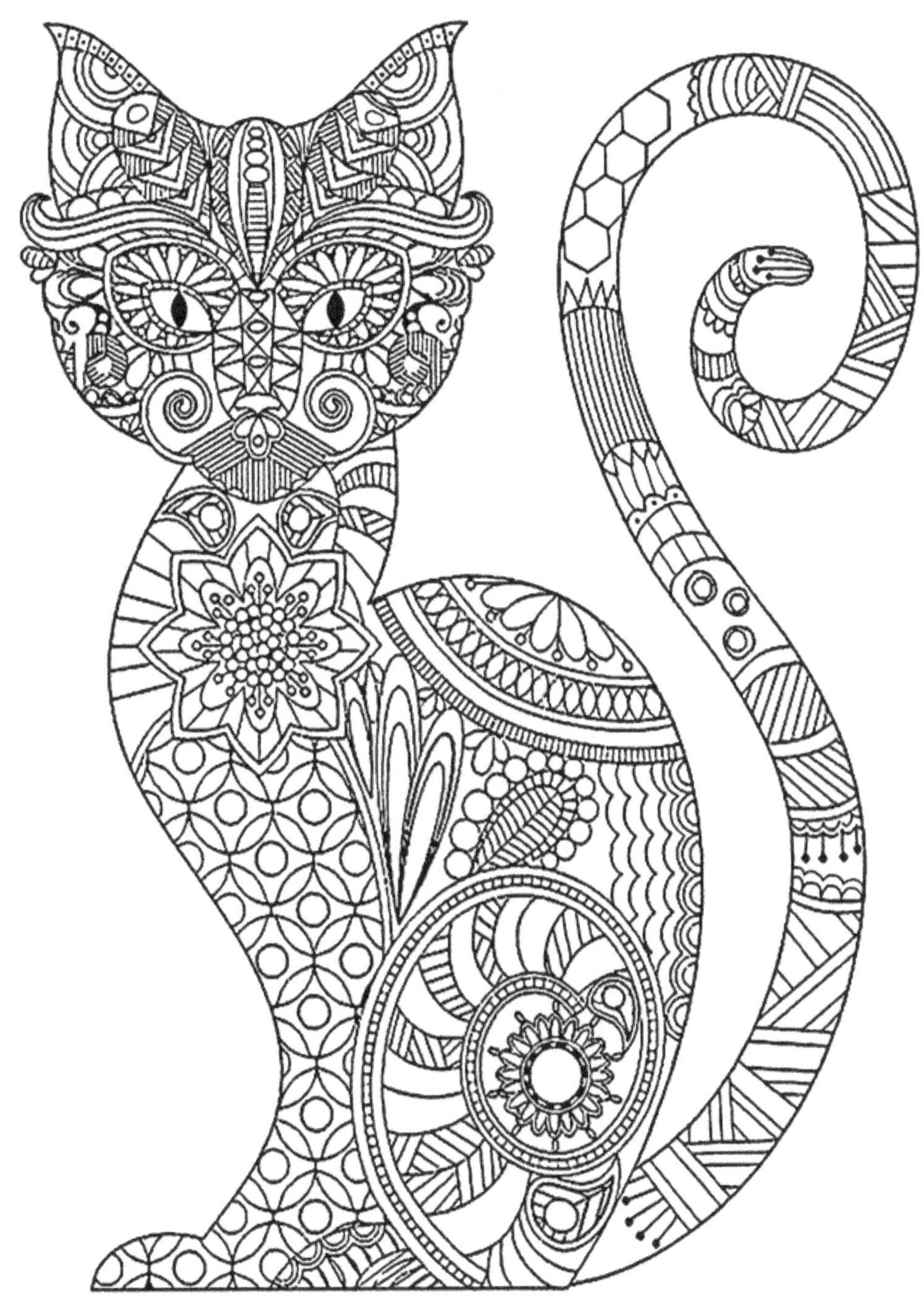

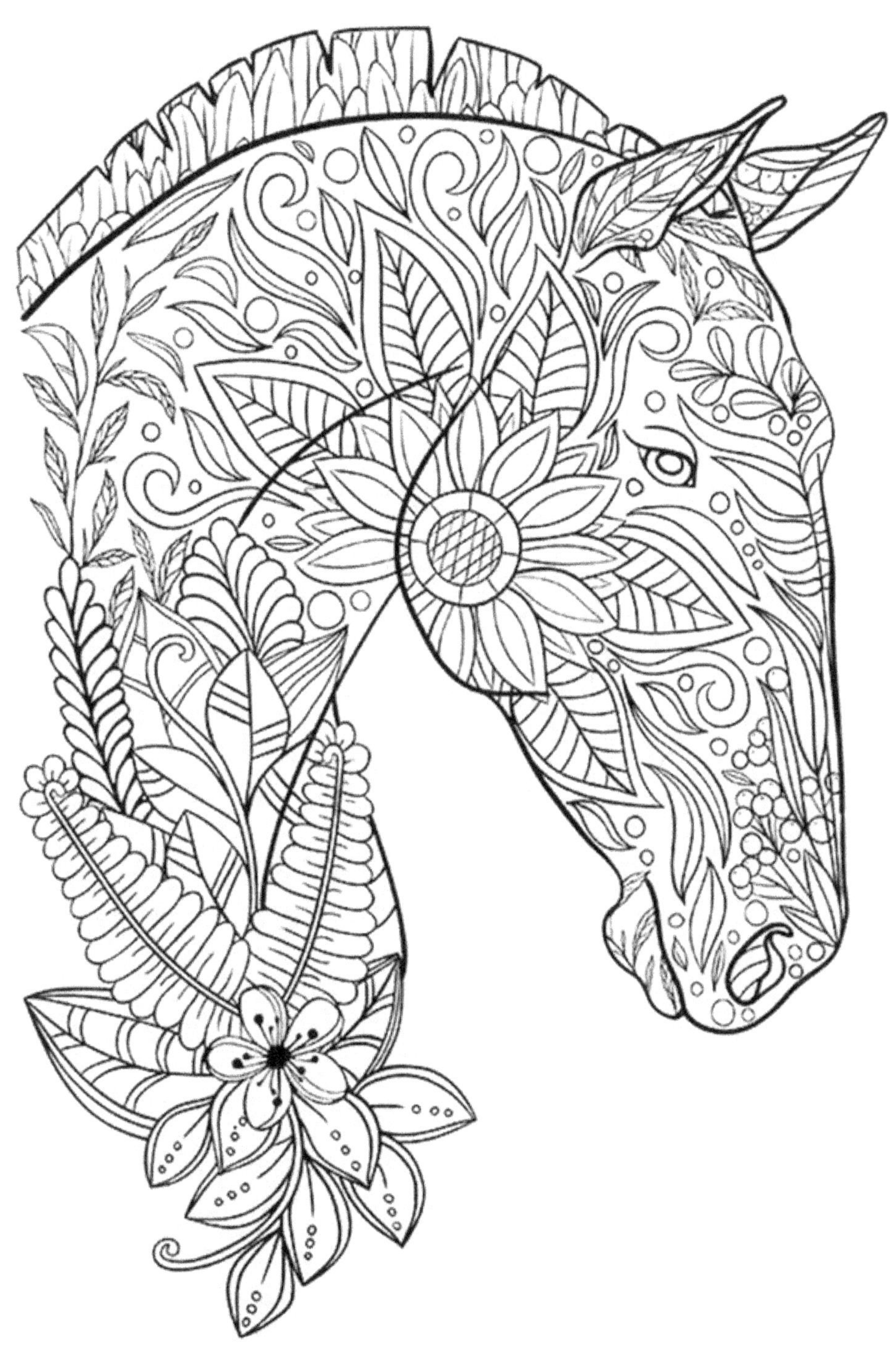

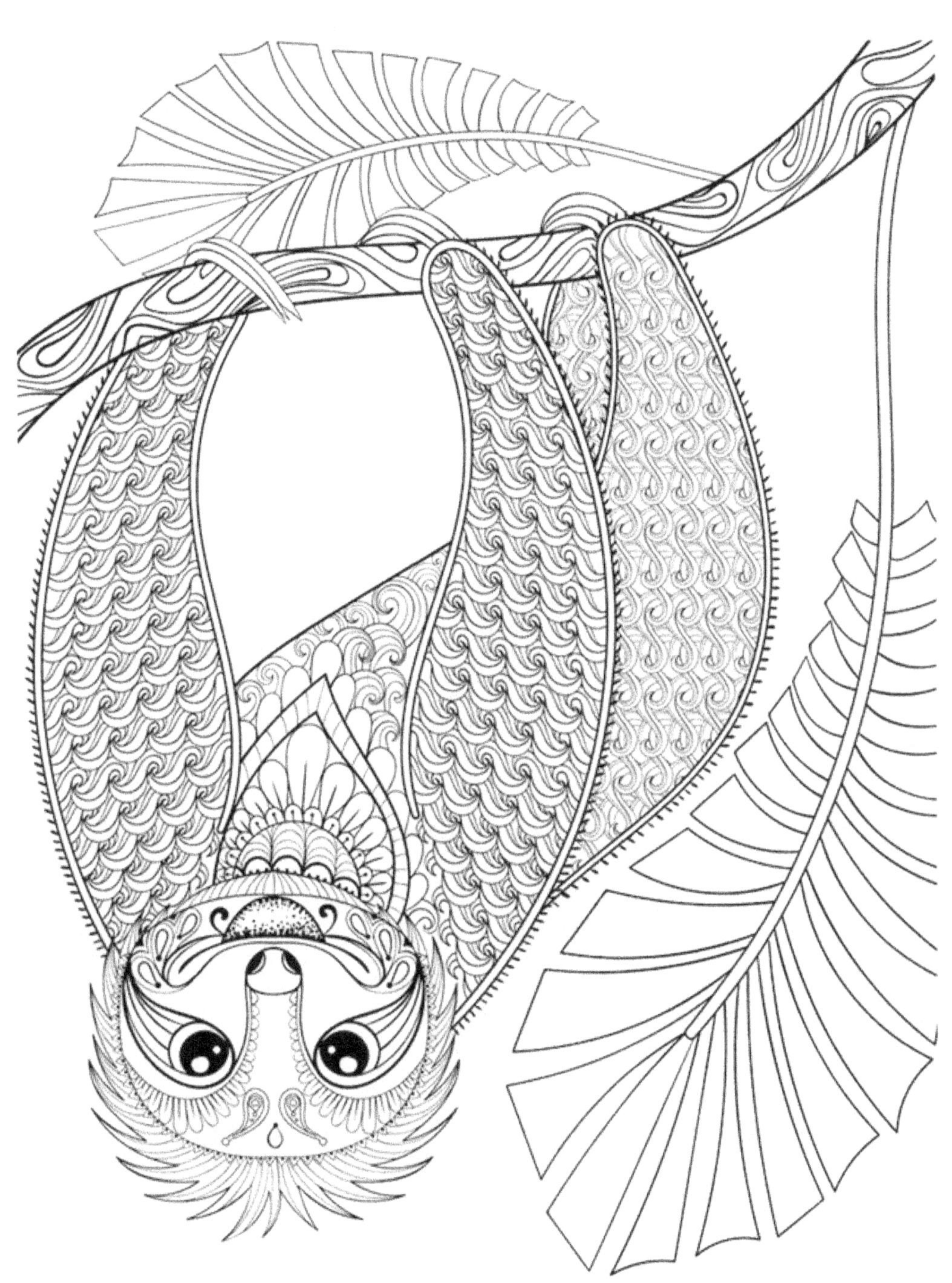

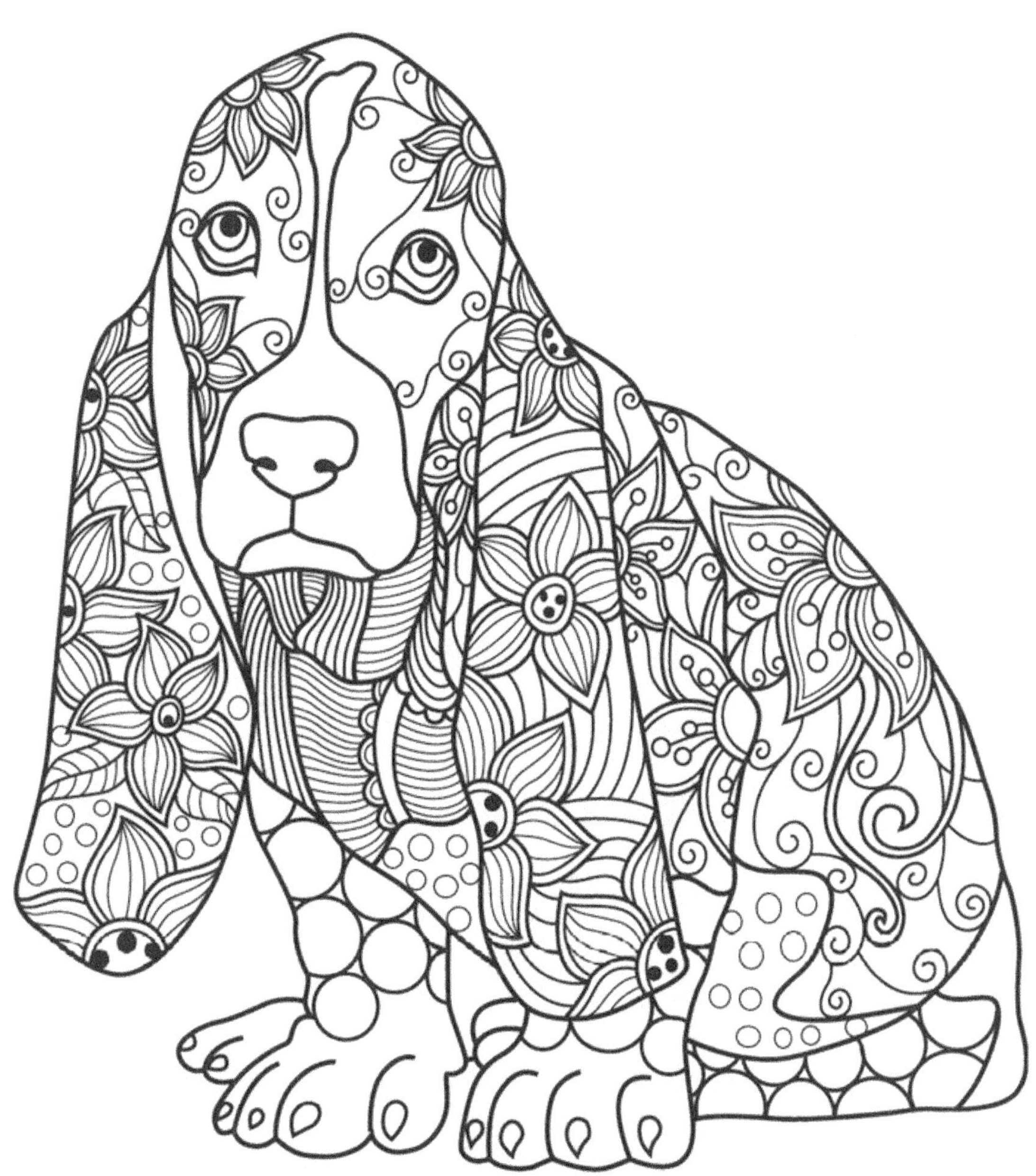

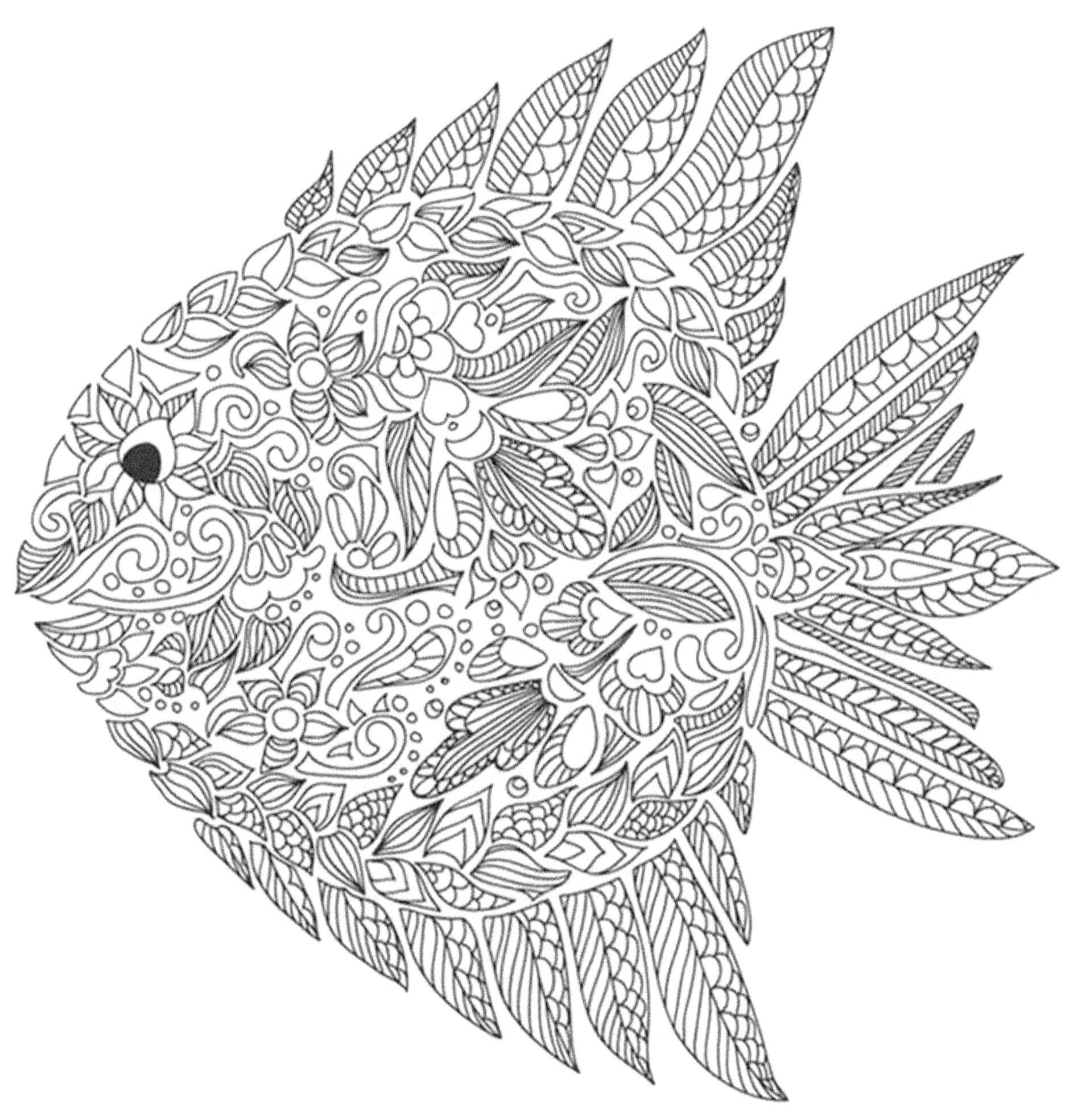

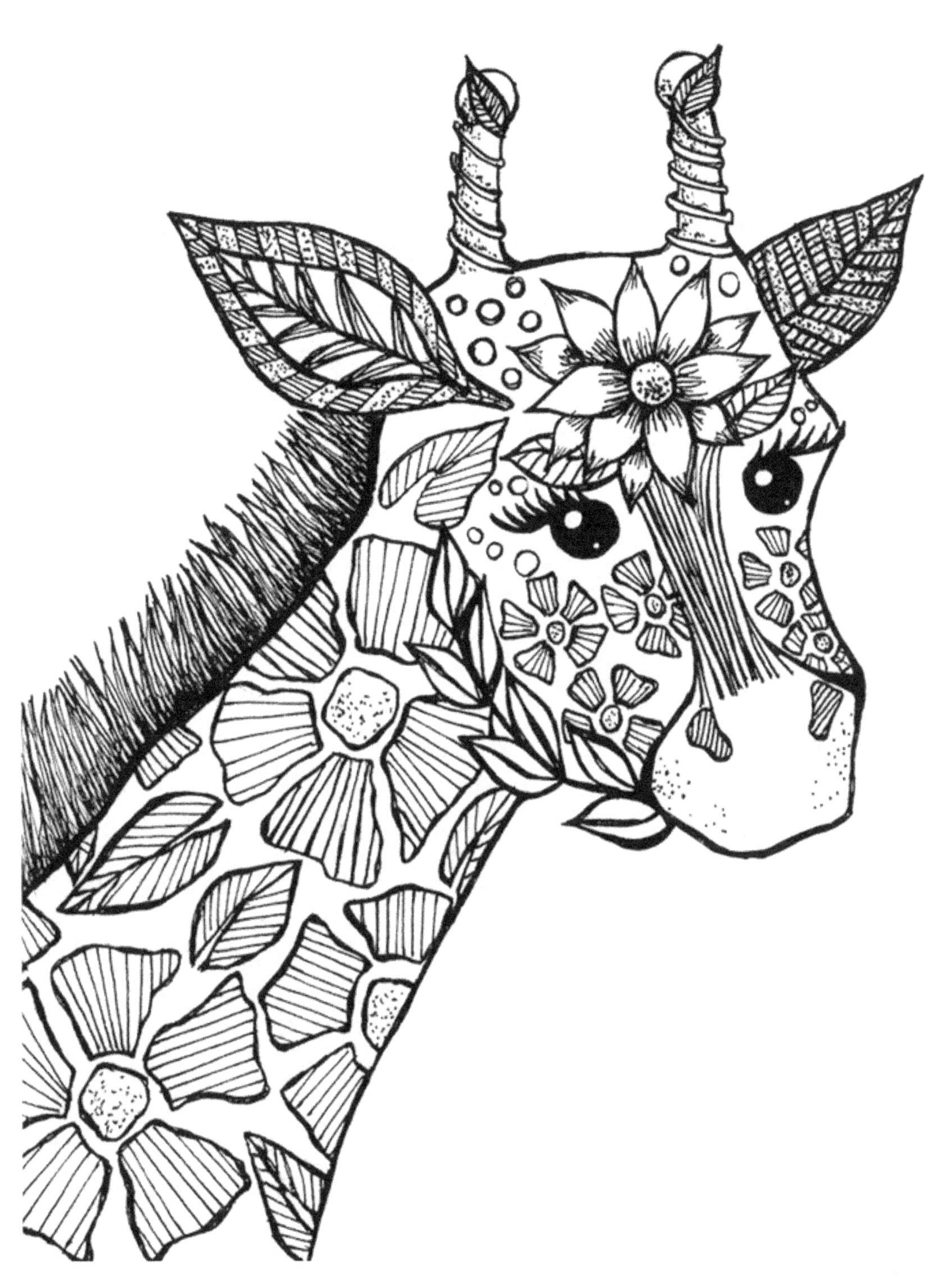

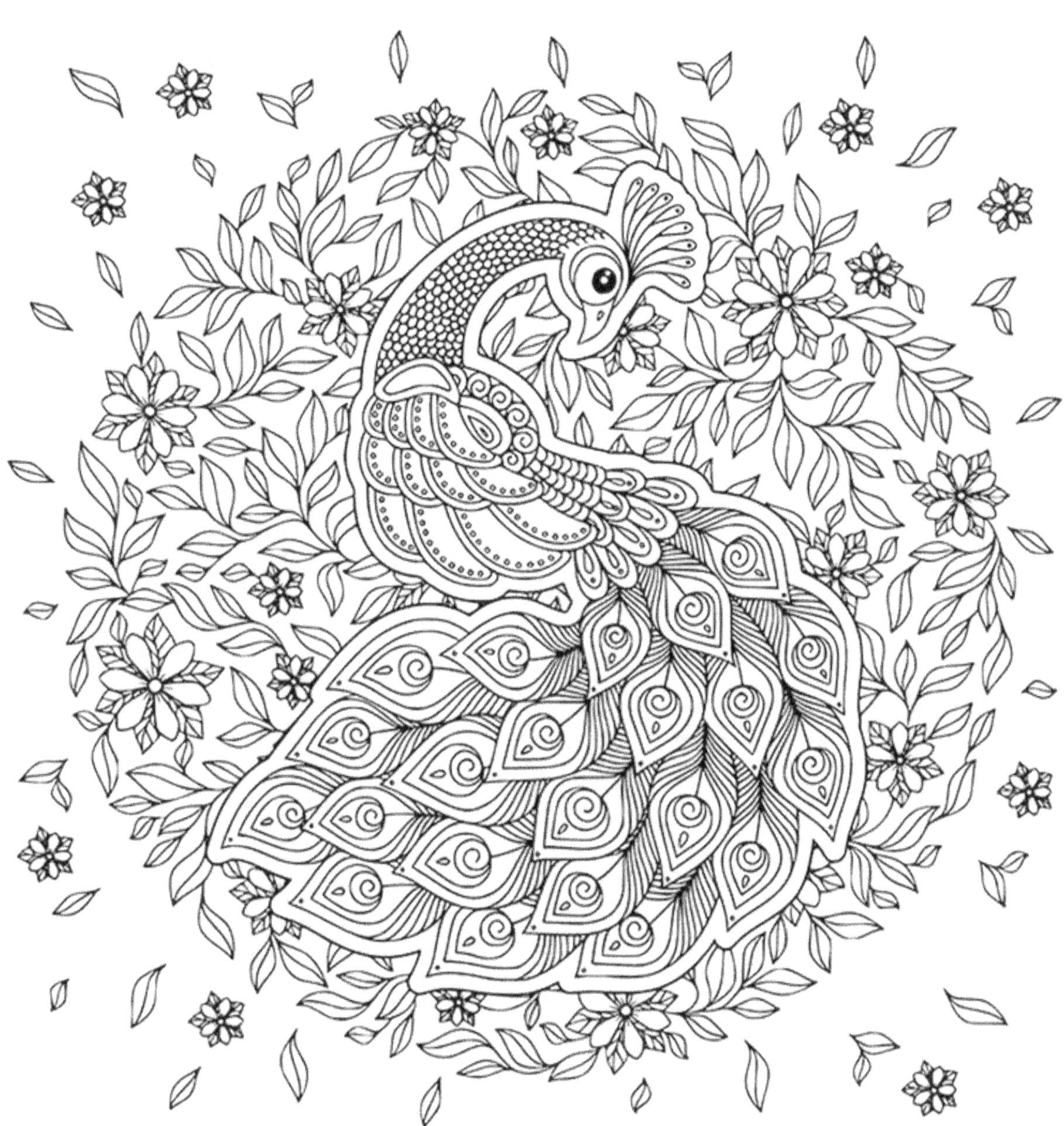

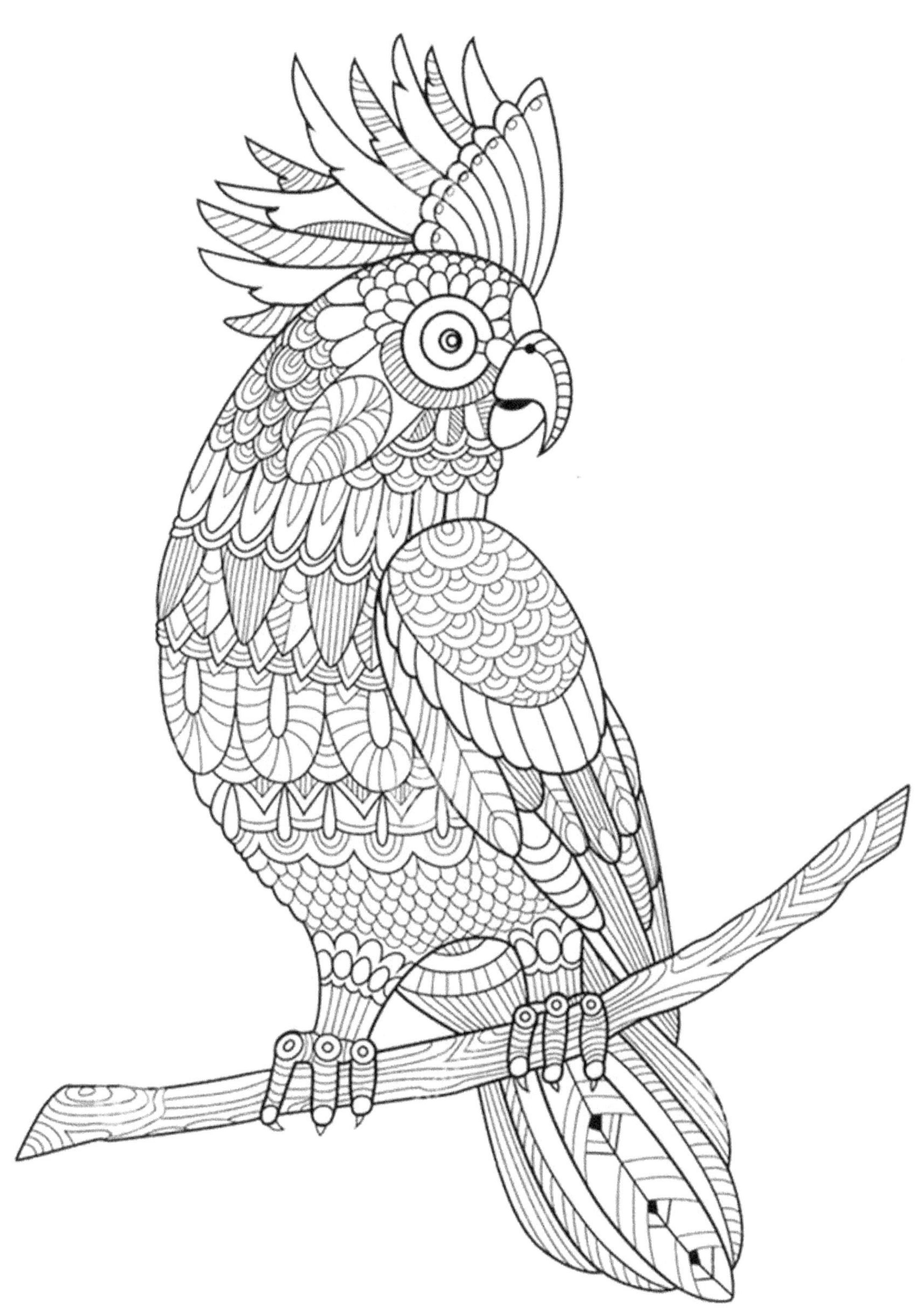

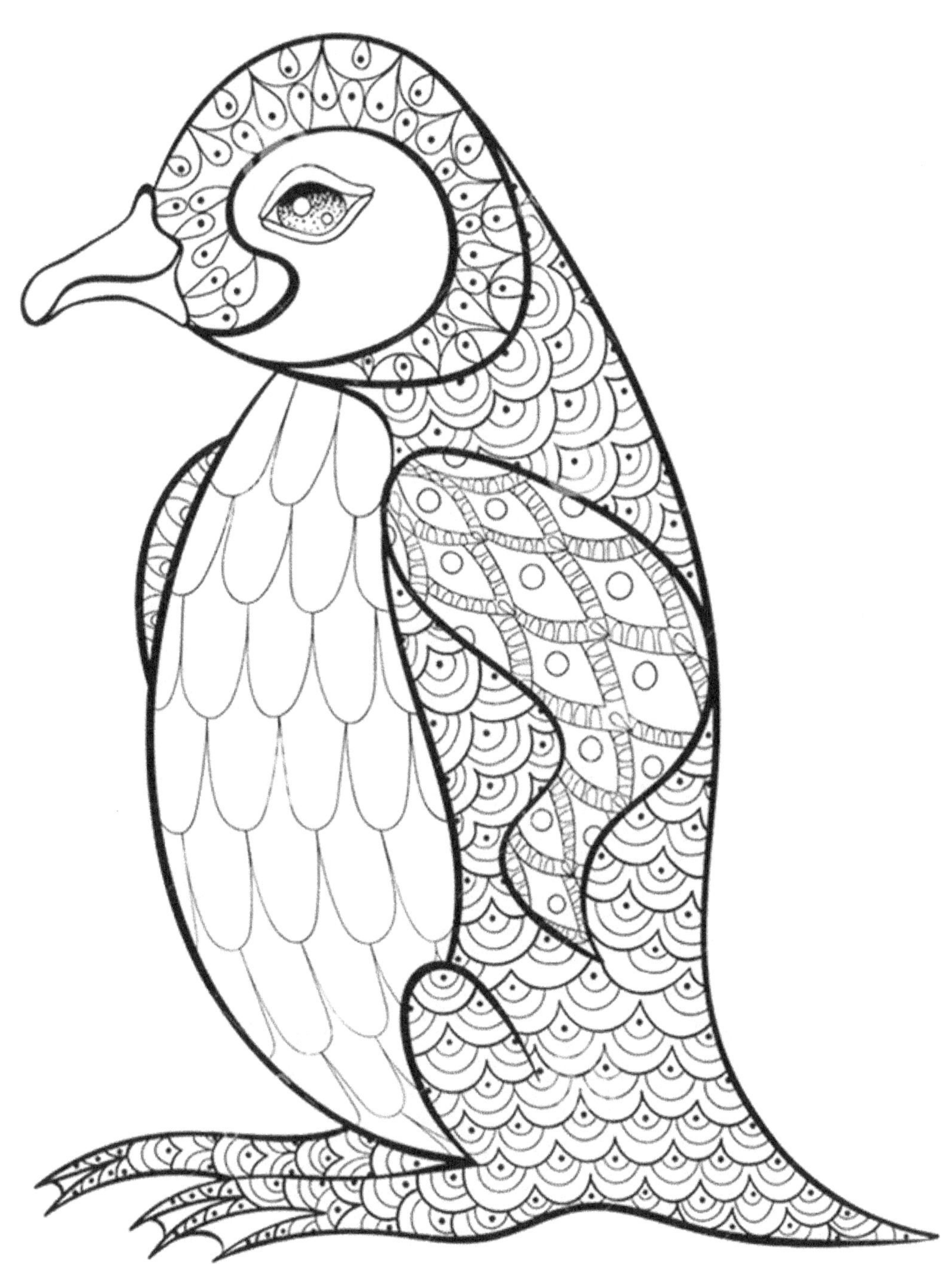

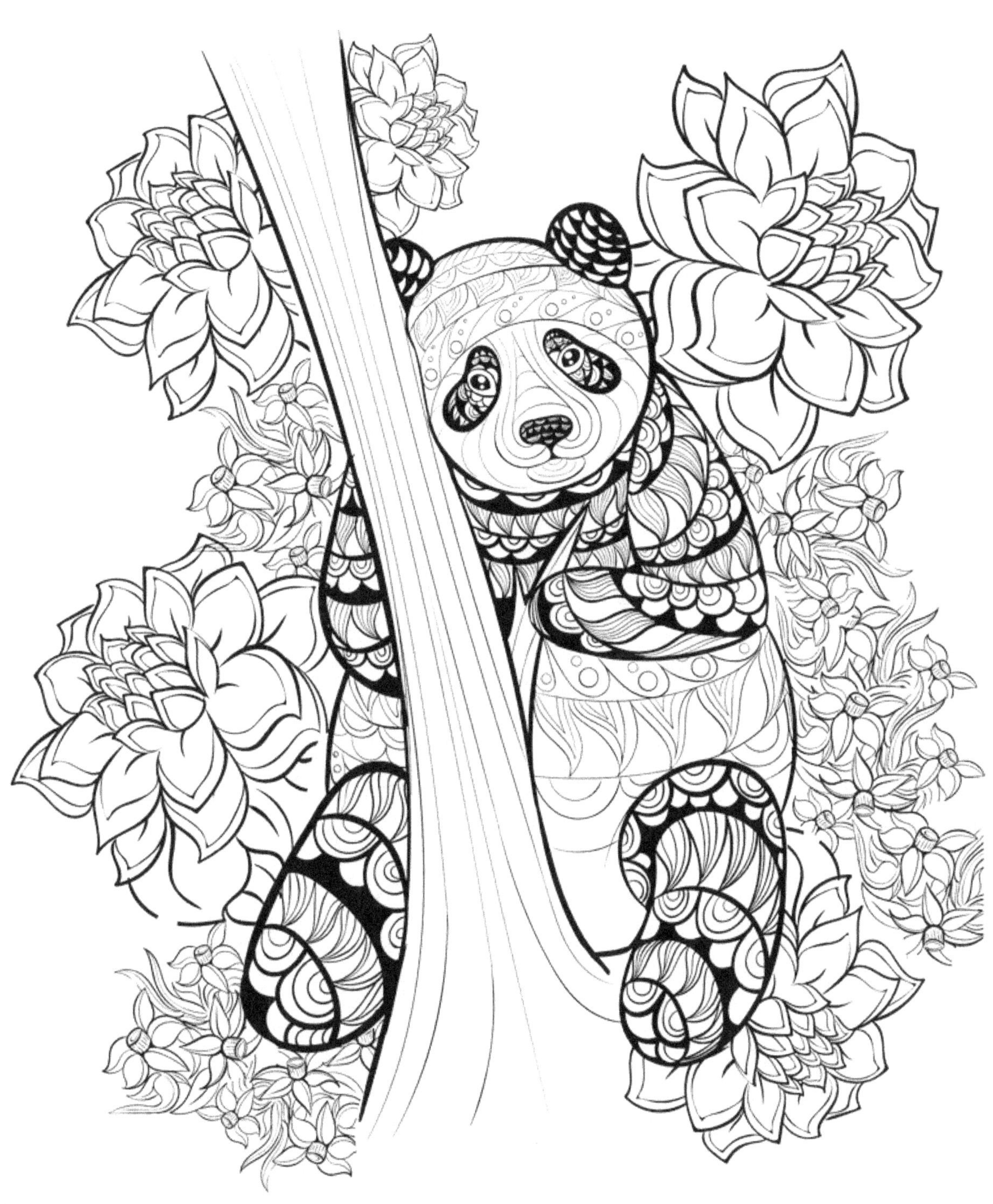

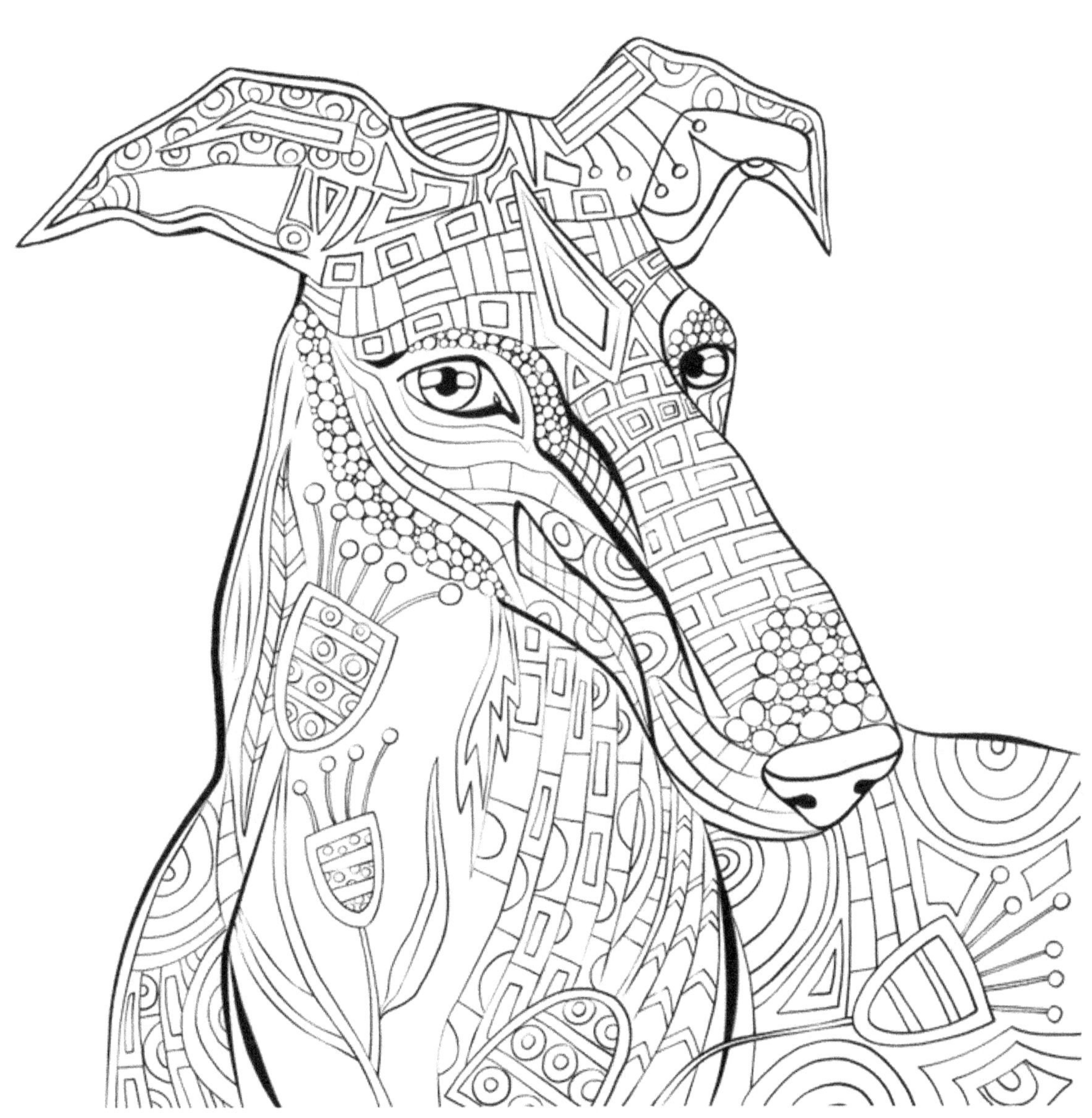

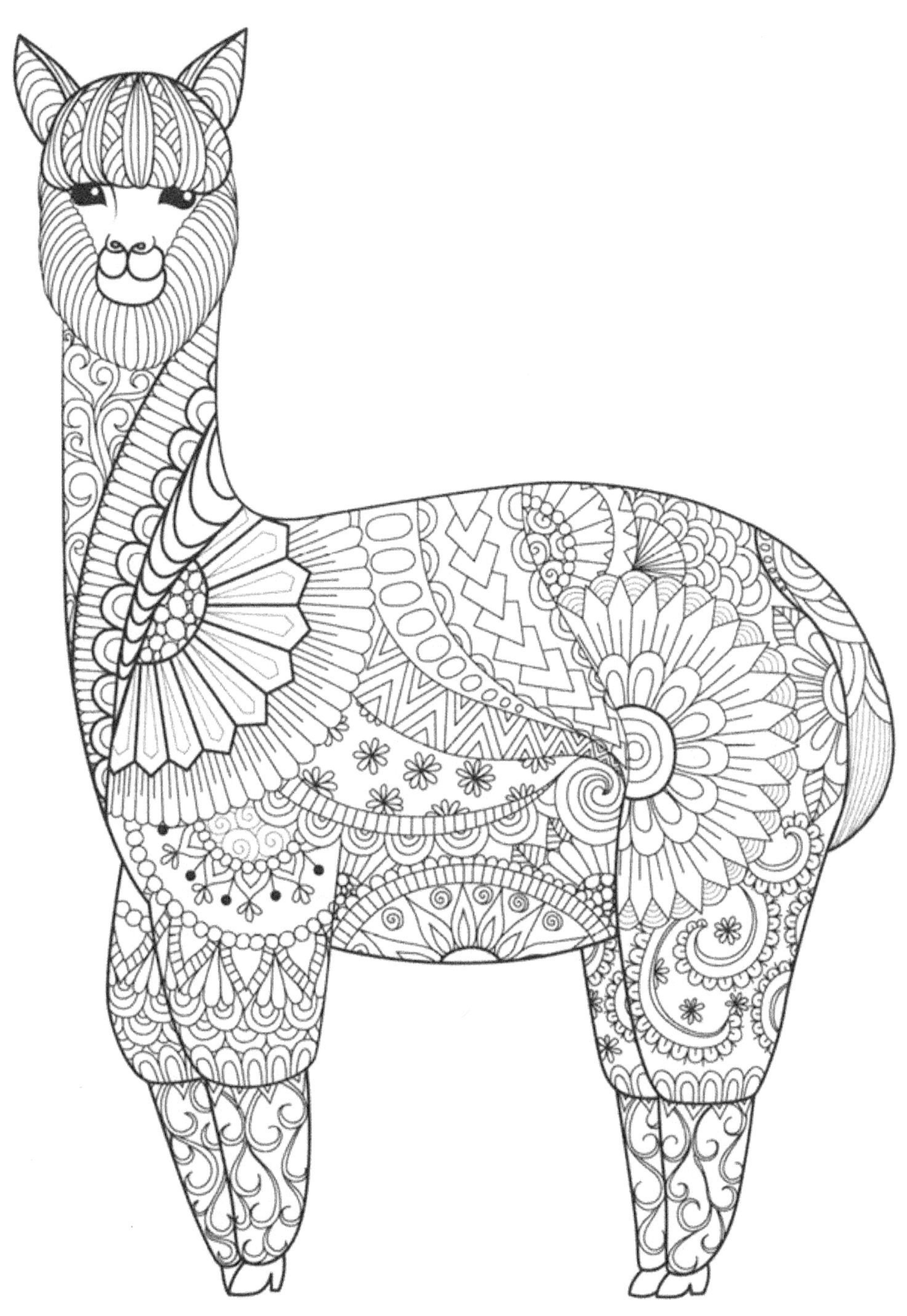

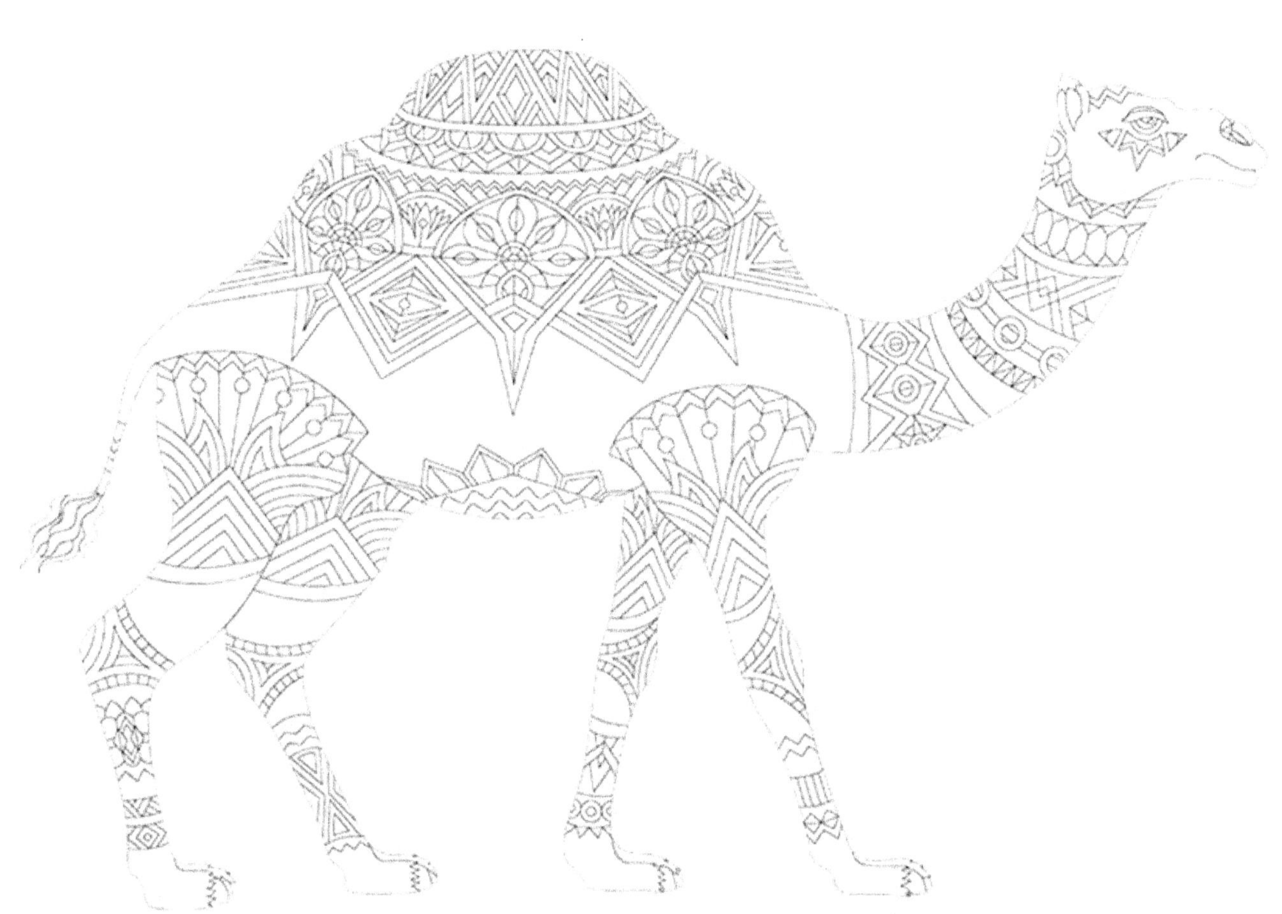

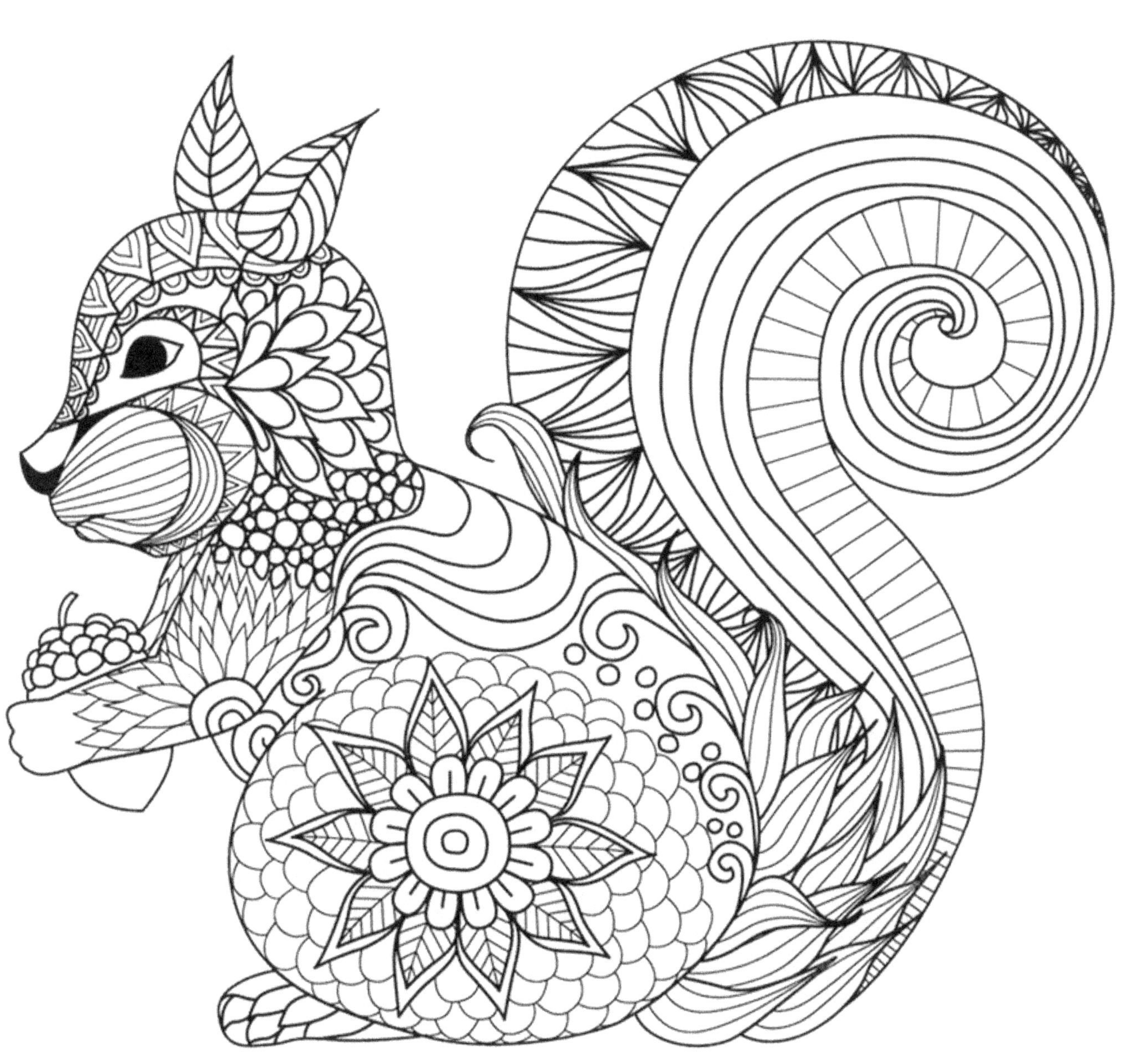